Zhongguo Wenhua
Zhishi Duben

中国文化知识读本

白马寺

主编 金开诚

编著 栾莉舒

吉林出版集团有限责任公司

吉林文史出版社

**图书在版编目（CIP）数据**

白马寺 / 栾莉舒编著. —— 长春：吉林出版集团有
限责任公司：吉林文史出版社，2009.12（2023.4重印）
（中国文化知识读本）
ISBN 978-7-5463-1674-1

Ⅰ. ①白… Ⅱ. ①栾… Ⅲ. ①佛教－寺庙－简介－洛
阳市 Ⅳ. ①B947.261.3

中国版本图书馆CIP数据核字（2009）第236842号

# 白马寺

BAIMA SI

主编/ 金开诚　编著/栾莉舒

责任编辑/曹恒 崔博华　责任校对/王新

装帧设计/曹恒

出版发行/吉林出版集团有限责任公司　吉林文史出版社

地址/长春市福祉大路5788号　邮编/130000

印刷/天津市天玺印务有限公司

版次/2009年12月第1版　印次/2023年4月第5次印刷

开本/660mm×915mm　1/16

印张/8　字数/30千

书号/ISBN 978-7-5463-1674-1

定价/34.80元

# 前　言

　　文化是一种社会现象，是人类物质文明和精神文明有机融合的产物；同时又是一种历史现象，是社会的历史沉积。当今世界，随着经济全球化进程的加快，人们也越来越重视本民族的文化。我们只有加强对本民族文化的继承和创新，才能更好地弘扬民族精神，增强民族凝聚力。历史经验告诉我们，任何一个民族要想屹立于世界民族之林，必须具有自尊、自信、自强的民族意识。文化是维系一个民族生存和发展的强大动力。一个民族的存在依赖文化，文化的解体就是一个民族的消亡。

　　随着我国综合国力的日益强大，广大民众对重塑民族自尊心和自豪感的愿望日益迫切。作为民族大家庭中的一员，将源远流长、博大精深的中国文化继承并传播给广大群众，特别是青年一代，是我们出版人义不容辞的责任。

　　本套丛书是由吉林文史出版社和吉林出版集团有限责任公司组织国内知名专家学者编写的一套旨在传播中华五千年优秀传统文化，提高全民文化修养的大型知识读本。该书在深入挖掘和整理中华优秀传统文化成果的同时，结合社会发展，注入了时代精神。书中优美生动的文字、简明通俗的语言、图文并茂的形式，把中国文化中的物态文化、制度文化、行为文化、精神文化等知识要点全面展示给读者。点点滴滴的文化知识仿佛颗颗繁星，组成了灿烂辉煌的中国文化的天穹。

　　希望本书能为弘扬中华五千年优秀传统文化、增强各民族团结、构建社会主义和谐社会尽一份绵薄之力，也坚信我们的中华民族一定能够早日实现伟大复兴！

# 目录

# 一、白马寺的兴建与历史沿革

白马寺是中国佛教的
"祖庭"和发源地

# （一）中土佛教缘起——白马寺的兴建

纵览经史，司马迁著《史记》首次将中国学术（主要指学说派别）分为阴阳、儒、墨、名、法、道德六家，后来刘歆著《七略》，班固修《艺文志》，对于佛学都没有任何记载，我们基本可以相信此时中国尚未有佛教传入。直到汉武帝元狩二年（公元前121年），霍去病率军讨伐匈奴，经皋兰山，过居延（今内蒙古自治区额济纳旗和甘肃省金塔县的境内），大获全胜，斩首匈奴兵八千余人，后来匈奴昆邪王率领五万兵马投降西汉王朝。霍去病大军在这次大战中缴获一座金人，高约一丈，汉武帝把它当做大神，陈列在甘泉宫内，常烧香礼拜，却并不祭祀。等到开辟西域，汉武帝派遣张骞出使大夏（主要指阿姆河以南，兴都库什山以北地区），张骞等汉使途经身毒国（即天竺，今印度），才第一次听闻当地有佛教之事，报知汉武帝，佛教才逐渐为中土臣子所知。西汉哀帝元寿元年（公元前2年），曾有大月氏国（今阿富汗一带）使者伊存将《浮屠经》口授于博士弟子景卢，中土人士听后，也并不以为然。直到东汉孝明帝遣使访求佛法，并在洛阳修建白马寺，佛法教义才真正在中土传播开来。

关于白马寺之名，相传外夷国有个国王曾下诏，叫全国捣毁所有僧院，只有招提寺

白马寺距今已有两千多年的历史

白马寺的兴建与历史沿革

还没来得及捣毁。夜里，人们看见一匹白马绕寺中佛塔悲鸣不止。国王深有感悟，立即下诏停止毁坏寺院，并改招提寺为白马寺。从此以后，天下寺院，以白马作为寺名的非常多。我国古时以白马为名的寺院就有很多，东汉长安青门内有白马寺，东晋时建业也有白马寺。今天，在我国江西抚州、青海互助县也还都有宋代白马寺留存。但是，洛阳白马寺的兴建、得名却又与此不同。

以白马作为寺名的寺院很多

白马寺

洛阳白马寺一景

　　《理惑论》《后汉书》《冥祥记》《洛阳伽蓝记》《高僧传》《水经注》《魏书》等史料、笔记都对白马寺的兴建有或详或略的记载。据载：汉明帝刘庄一天夜里，梦见一个金身天神，身长六丈，项背环绕着日月光辉，飞行于宫殿之中。第二天，汉明帝在朝堂上向群臣讲述此梦，询问梦中天神是何方神明。博士傅毅奏禀说：臣听说西方有一种神，能够飞行于虚空，叫做佛。陛下梦到的可能就是佛。汉明帝听后，信以为真，便派遣郎中蔡愔、博士弟子秦景等人出使西方（主要是

白马寺的兴建与历史沿革

天竺，即今印度），寻访佛法。蔡愔一行人走到大月氏时，遇到正在当地传教的天竺高僧竺法兰和摄摩腾，二人也正有游历中国传扬佛法之意，就和蔡愔等人一同前往洛阳。汉永平十年（67年），汉朝使者蔡愔等人连同两位天竺高僧，就用一匹白马驮着求取来的经卷、佛像，跋山涉水，回到洛阳。汉明帝礼待二位高僧，请他们暂时下榻在鸿胪寺（鸿胪在汉时是掌管外交事务的官员，鸿胪寺相当于外交官署）。汉永平十一年（68年），明帝降旨在洛阳西雍门外三里御道旁兴建僧院，作为二位高僧居所和译经讲法之地。因"白马负经"有功，便以白马为名，又因二僧来汉之初下榻在鸿胪寺，便取"寺"字，命名为白

洛阳白马寺鼓楼景观

白马寺

马寺。以后我国僧院便泛称为寺。

自从白马寺建成后，很多佛教僧众在这里翻译佛经，讲授佛法。如竺法兰和摄摩腾就将蔡愔等人带回的佛经翻译成汉文，即所谓《十地断结》《佛本生》《法海藏》《佛本行》《四十二章经》等五部佛经，藏于兰台石室。后来因为都城迁徙、战乱等缘故，前四部失传，仅存《四十二章经》一部，成为今存第一部汉文佛经。后来竺法兰又翻译了《十住经》。此后，佛经翻译日益兴起。汉章帝时，楚王刘英崇尚佛法，曾广招僧众，有很多西域佛教徒带着大量经卷来到白马寺。但因翻译多数不通，未能流通。至东汉桓帝时，有安息国（今伊朗地区）僧人静安，携带经卷来到洛阳，翻译极为通畅易解。汉灵帝时，

洛阳白马寺内绿树成荫，庄严静穆

白马寺的兴建与历史沿革

洛阳白马寺一景
白马寺是我国早期佛教传播和佛事活动的中心

有月氏僧人支谶，译出《泥洹经》二卷，学者们多认为深得佛法本旨。魏文帝黄初中，中国人才开始依佛戒，剃发为僧。魏齐王曹芳嘉平年间，中天竺律学僧人昙柯迦罗行游洛阳，在白马寺译出了第一部汉文佛律——《僧祇戒心》，后世的佛门信徒因此把昙柯迦罗奉为中国"律宗之祖"。至晋武帝泰始年间，月氏僧人竺法护在洛阳翻译多部佛经，佛教东流，形成大盛之势。

汉明帝的"永平求法"是中国佛教史上的一大盛事，因此而兴建的白马寺，成

白马寺

踏过长长的石阶，就到了洛阳白马寺

为我国佛教早期传播和佛事活动的中心，成为古印度佛法"在中国赖以生长的第一座菩提道场"。在中国佛教史上具有举足轻重的地位。

（二）北方佛教的兴衰与白马寺的兴废

白马寺从东汉永平十一年建成以来，随着中国历史上的战乱硝烟时兴时废，经历了不同时代的风雨洗礼。在汉末纷乱、曹魏政

白马寺的兴建与历史沿革

权、西晋王朝期间，白马寺基本处于稳定的发展之中，如同中土佛教的传播，在这个过程中日渐深广。至西晋末年，北方的少数民族入主中原，从拓跋氏建立北魏政权开始，中国北方进入了少数民族政权轮番执政的所谓南北朝时期。北朝统治者们认为佛是胡人之神，所以开始大力宣扬、发展佛教，中土佛教也因此开始了一段蓬勃发展的进程。据《魏书·释老志》记载，北魏末年，仅京城洛阳就有寺院五百多座。至东魏末年，粗略计算，全境有寺三万有余，僧尼达二百万。期间虽然也曾有帝王下诏遏制佛教的发展势头，但总体看来，

洛阳白马寺内成荫的树木

白马寺

洛阳白马寺飞檐上精美的雕饰

佛教是处在一个繁荣的历史时期，此时白马寺自然也处在一个稳定的发展时期。而到了北周周武帝建德年间，在经过多次辩论之后，周武帝下令在当时佛教盛行的北周罢斥佛教，从而在全境内展开了一场声势浩大的灭佛运动，佛教称之为"三武之厄"。在这次运动中，佛像全都被毁，寺庙被收为国有，寺僧均被勒令还俗。周武帝的这次灭佛较为彻底，北方佛教势力为此几乎禁绝。白马寺也不能幸免，寺院被赐予王公，寺僧被勒令还俗，编入普通民籍。一段时间后北方才日渐恢复佛教的发展。此后隋朝、唐朝初期都

白马寺的兴建与历史沿革

**绿树掩映下的洛阳白马寺**

对白马寺稍有修葺补建。

唐王朝建立后，很重视对于佛教的整顿和利用。唐高祖武德二年（619年），就在京师聚集高僧，立十大德，管理一般僧尼。唐武德九年（626年），因为太史令傅奕的一再疏请，终于命令沙汰佛道二教，只许每州留寺观各一所，但因皇子们

白马寺

洛阳白马寺大雄宝殿景观

争位的变故发生而未及实行。唐太宗即位之后，重兴译经事业，使波罗颇迦罗蜜多罗主持，又度僧三千人，一起在旧战场各地建造寺院，一共七所，这样促进了当时佛教的开展。唐太宗贞观十五年（641 年）文成公主入藏，带去佛像、佛经等，使汉地佛教深入藏地。唐太宗贞观十九年（645 年），玄奘西游，从印度求法回来，朝廷为他组织了大规模的译场，玄奘以深厚的学养，所作的精确译传，给当时的佛教界带来极大的影响。唐朝时以洛阳为东都，东都佛教事业发展历经百年，早有深厚的基础，初唐时期帝王对佛教的重视，使其佛教事业更为兴隆。武则天执政时期，以其亲宠薛怀义主持白马寺，使白马寺

白马寺的兴建与历史沿革

洛阳白马寺一景

香火繁盛，达到了全盛。

武则天执掌唐朝大权后，长期居住在东都洛阳，洛阳的各种事业也因此得到长足的发展。薛怀义，本姓冯，深得武则天的宠信，得以赐姓薛，令他与太平公主驸马薛绍合为一族，令薛绍以季父之礼事怀义。后令薛怀义落发为僧，朝廷内外都称他为"薛师"。武后垂拱（685—689年）初年，薛怀义请旨于旧洛阳城西重修故白马寺，武后应允，薛怀义亲自监工督修，白马寺重建完成后，薛怀义便为白马寺住持。此后，薛怀义与法明和尚等伪造《大云经》，称武则天是弥勒转世，天命应当

白马寺

代唐为天下之主，于是，武则天以顺应天意之名，自立为帝，改国号为周。薛怀义、法明等九人因此被封为县公，御赐紫袈裟、银龟袋。随后在全国各州建造了大云寺，全国寺院各藏《大云经》一本，设高座讲解，使之传布天下。而此后薛怀义又多次受封赏，而他所住持的白马寺香火更是繁盛至极，当时寺中僧人竟达千人。后来，薛怀义因骄纵犯法，又在白马寺明堂中铸九州鼎，造十二属相铜像，以自己的本属相为头，武则天认为他有谋反之意，授意太平公主安排将他缢杀。白马寺中僧人众多，遣散其中大部分，但是，白马寺声势稍减，但佛事依旧繁荣。其后唐玄宗在位期间虽然曾经一度采取抑佛政策，但是随着佛教密宗日益为皇帝所信任，

**静谧、肃穆的洛阳白马寺**

白马寺的兴建与历史沿革

洛阳白马寺一景

佛教发展在开元、天宝年间更盛，寺院之数比较唐初几乎增加了一倍。

然而，唐天宝十四年（755年）的安史之乱，不仅使大唐王朝由盛转衰，也使佛教在北方受到极大摧残，而白马寺也在这场战火中横遭毁坏。唐玄宗天宝十四年十一月初九，身兼范阳、平卢、河东三地节度使的安禄山趁唐朝内部空虚腐败，联合北方契丹、室韦、突厥等少数民族组成十五万大军，以"忧国之危"、奉密诏讨伐杨国忠为借口在范阳起兵。当时唐代太平盛世时日已久，民不知战，叛军一起，河北州县的军事防御望风瓦解。叛军于天

白马寺

白马寺虔诚的僧侣

宝十五年（756年）占领长安、洛阳。到唐
肃宗即位后，朔方节度使郭子仪上表推荐李
光弼担任河东节度使，并与李光弼分兵进军
河北，击败安禄山部将史思明，收复河北一
带。在此期间，因史思明在白马寺中屯兵、
挖战壕抵挡李光弼大军，使白马寺遭到极大
破坏。尤其是唐肃宗为平定安史之乱，曾请
回纥军助战讨伐史思明。回纥军进入洛阳后，
烧杀抢掠，凶残之极，很多仕女百姓畏惧，
躲避于洛阳圣善寺和白马寺之中，回纥军纵
火焚烧寺院，死伤百姓数以万计，大火连烧
数日不止，白马寺等僧院全都焚毁殆尽，多
半变为残垣断壁。经历安史之乱后，北方佛

洛阳白马寺参天的古树

教禅宗逐渐发展壮大，但总体来说，佛教在唐代再也没有恢复早期的繁荣局面。

此后进入了纷乱的五代十国时期，南北分裂。北方地区先后经历了后梁、后唐、后晋、后汉、后周五个朝代，战争频

白马寺

历尽沧桑的洛阳白马寺

繁，社会秩序混乱，统治者对佛教采取了严格的限制政策，北方佛教传播受到极大挫折，而此时相对安定的南方，佛教正呈现出大繁荣的局面。北宋统一之后，北宋统治者采取了保护佛教的政策，北方佛教开始逐步恢复发展，宋太宗就曾下诏重建白马寺，至今寺中仍有记载此次重建工程的石刻碑。然而，北宋末年，靖康之变，金兵的劫掠焚烧，使尚未完全恢复元气的白马寺再一次被破坏殆尽，这是白马寺史上最为严重的一次破坏。有记载说到金世宗大定十五年（1175年）时，白马寺僧院与浮图俱废，只留有遗址，但都成为瓦砾堆，寺院成为茂盛的草场。当金代

白马寺的兴建与历史沿革

洛阳白马寺齐云塔景观

稳定了其在北方的统治地位之后，对于佛教采取了积极的发展政策，这主要是由于其王室对佛教的崇拜和支持。在此期间，金统治者对洛阳白马寺也进行了一定程度的重建和修葺，但主要是在金大定十五年（1175年）重新修建了齐云塔。而白马寺

白马寺

的又一次繁荣时期的到来则为元代。

　　元代统治者对待宗教的态度，是给予各种宗教平等的待遇，广建寺院，广纳僧侣，且分给佛寺土地。这就推动了整个佛教事业的发展。在元代，白马寺得到了整体重修，并得到了1600顷土地田产，白马寺再一次形成了繁盛的局面。而这些实际上都是在当时的帝师八思巴和胆巴上师的支持下才得以完成的。八思巴和胆巴都是西藏地区的名僧。八思巴，本名罗古罗思坚藏，尊称八思巴，其意为"圣者"，吐蕃萨斯迦（今西藏萨迦）人，学者，是元代第一代帝师。1244年，八思巴与伯父应召归顺蒙古。1253年，在六盘山拜

著名书法家赵朴初先生所题"白马寺"匾额

白马寺的兴建与历史沿革

谒忽必烈，受到崇敬。当时，佛教与道教为争夺蒙古汗廷信任，引发论战。1258年，忽必烈集僧道辩论《老子化胡经》真伪，八思巴即为这次论辩中佛教方的主力。他在辩伪活动结束后，还特意写下了《调伏外道大师记》来记载这件事。当时的八思巴是国师，辩论的主持者便是后来的元世祖忽必烈。根据各方面的记载，白马寺住持行育在这次辩论中也有突出的表现，这引起了八思巴的注意和重视。按照遗留下来的碑刻资料，正是由于八思巴的举荐，行育被封为"扶宗弘教大师"。现在留存下来的、嵌于白马寺上僧院西院壁间的"七古诗"明确地记载了这中间的前因后果。到至元七年(1270年)，八思巴被封为帝师、

造型独特，雕刻精细的
洛阳白马寺牌坊

白马寺

大宝法王后，他召集全国各地的僧人登坛讲法。在此期间，八思巴询问众人汉地佛法传入中国始于何时、首先在哪一个寺庙出现时？行育便以汉明帝"永平求法"的事情回复，这中间自然要提到汉明帝修建的白马寺，借此机会，行育提出重建白马寺的请求。八思巴表示极为赞成，并将行育的请求上奏元世祖，世祖下令让行育总理修寺事务。这样，在帝师八思巴的干预下，白马寺重建工程得以启动。但是，工程进行得并不顺利，寺院在重修之初所需的费用主要来自社会各方的布施，这显然是杯水车薪，所以工程进行了很久，却不见什么成效。八思巴听说以后，

洛阳白马寺山门景观

便让胆巴上师（胆巴虽然并未位列元代的十四位帝师之中，但在皇庆年间，元仁宗追封他为"大觉普惠广照无上胆巴帝师"）监理其事。胆巴上书请求以大护国仁王寺的田租作为兴修白马寺的工程费用，得到批准。大护国仁王寺是由忽必烈的察必皇后（昭睿顺圣皇后）下令修建的皇家寺庙，也是元朝最大和最重要的寺庙。这样，依靠八思巴和胆巴的支持，白马寺的修建工程终于大规模地展开起来。到元成宗大德四年(1300年)，白马寺完工，工程前后历经二十余年。重建后的白马寺"殿九楹，法堂五楹，前三其门，傍翼以阁，云房精舍，斋庖库厩，以次完具，位置尊严，绘塑精妙""其精巧臻极，咸曰希有"。此时的白

白马寺

马寺被认为可以和元代京城著名的万安寺、
兴教寺、大仁王护国寺相比肩，可见其在
规模、气势方面非同一般了。白马寺的这
次重建历程，充分体现了当时藏汉佛教水
乳交融的和谐局面。寺中有一首诗作，足
以言明白马寺的这次重建与元代帝师的密
切关系，诗云："龙川大士僧中雄，名响夙
昔闻天聪。诏命殿上坐持论，慈音涌出琉
璃筒。众流截断具真见，有敌不敢当机锋。
帝师欢喜上奏请，赐号弘教扶其宗。"白马
寺也因此被赋予了汉藏文化交流的中介的
特殊意义。在元末的农民起义及朝代更迭
的大战争中，白马寺难免受到战火的破坏，
今天白马寺的规模，主要是明嘉靖三十五
年（1556年）太监黄锦负责监修所奠定的，

洛阳白马寺山门近景

白马寺的兴建与历史沿革

白马寺是汉传佛教史上的第一座
寺院

清代又对其做了很多的补建修葺工作。其
主体建筑从南向北依次为山门、天王殿、
大雄殿、接引殿、毗卢阁，奠基逐渐上升。
白马寺描绘的中心集中在被人称作"空中
庭院"的清凉台。台上有苍劲的古柏、幽
雅的花坛。台上所设毗卢阁内存有一大藏
经柜，传说佛经就珍藏于此。

白马寺是汉传佛教史上的第一座寺
院，对中土佛教有着标志性的意义。它的
兴衰从侧面反映了佛教在中土尤其是北方
的传播、发展、嬗变情况。

白马寺

# 二、白马寺高僧及庙会文化

洛阳白马寺香炉上的龙形雕饰和铜铃

白马寺作为我国第一座佛教寺院，被佛门弟子奉为"释源"——佛教的发源地。白马寺建成后，汉明帝便请竺法兰、摄摩腾安居于此，后来又有多位高僧大师在此译经传教，著书立说。后世佛门信徒因此也称白马寺为"祖庭"，即祖师的庭院。在千年的白马寺历史上，有很多高僧在此修行讲法，译经传道，不能尽数例说，在这里只介绍中国佛教史上的三位祖师级高僧——竺法兰、摄摩腾、昙柯迦罗。

（一）白马寺高僧

1. 中土佛教的初祖——竺法兰、摄摩腾

竺法兰是中天竺人，在天竺国时便是个博学强识的高僧和学者，他曾经说过自己可以背诵经典、论著达数万章之多，当时天竺的很多学者都师从于竺法兰。摄摩腾，也是中天竺人氏，全名叫做迦摄摩腾，迦摄即迦叶，全名按照印度语意，解释为"饮光大象"——沐浴着太阳光辉的大象。大象在古印度是一种神圣吉祥的动物，象征着祥瑞，我们都知道"大行普贤菩萨"的坐骑就是神兽白象。摄摩腾通晓天竺等地的风俗、礼仪，能讲解大小乘佛法教义，便经常游历各地，以传讲佛法、教化万民为己任。相传他曾经在当时天竺国的一个附属国讲传《金光明经》，正赶上敌国出兵攻打这个国家。摄摩腾便说："《金光明经》上说，能讲解此经的人，能得到地神的护佑，他所居住的地方也能成为一片安居的乐土。现在敌国才刚刚发动进攻，我要阻止这场战争。"于是就亲自前往敌军阵营中劝说和解，终于使两国罢兵和好。摄摩腾也因此而名声大噪，深受人们的尊敬。

大约在公元65年前后，竺法兰与摄摩腾一同游历周边各国，讲传佛学。在大月氏讲经时，正遇到中土汉王朝的使者蔡愔等一

洛阳白马寺大佛殿匾额

白马寺高僧及庙会文化

**大佛殿是洛阳白马寺的第二重大殿**

行人要去天竺求访佛法，遇到天竺高僧，蔡愔等人非常高兴，便极力邀请竺法兰、摄摩腾二人同回汉朝，讲经弘法。二人此时也正有将佛法传于东方胜国的打算，就答应与蔡愔等汉朝使者一同前往中土。于是，二位高僧和汉朝使者把在西域各处抄录的佛经和访求到的佛像图画盛放在榆档里，以白马驮载回到中土。到达东汉京都洛阳之后，两位高僧受到了汉明帝的礼待，专为二人在京城西雍门外建起——白马寺，为他们创造了一个清幽的环境，修行、译经。

竺法兰、摄摩腾两人在洛阳住下后，

白马寺

不久就熟练掌握了汉语。于是，便开始了中国佛教历史上的第一次大规模翻译佛经的活动。竺法兰、摄摩腾一同将蔡愔等人带回的经卷翻译成汉语。尽其全力，一生翻译了《十地断结》《佛本生》《法海藏》《佛本行》《四十二章经》等五部。上面曾经说过前面四部尽皆失传，只有《四十二章经》两千余字经文存至今天，成为印度佛法东来后保存下来的第一部汉文佛经。摄摩腾在译出《四十二章经》后不久就去世了。后来竺法兰又译出了《十住经》，不久也去世于白马寺，据《高僧传》载："春秋六十余矣。"可见他去世时已经六十多

洛阳白马寺香炉

白马寺高僧及庙会文化

洛阳白马寺供奉的金佛像之一

岁了。竺法兰、摄摩腾不仅翻译了多卷佛教经典，将印度佛教带到了中土，成为被我国佛教信徒世代膜拜的中土佛教初祖，他们的事迹也成为民间代代相传，流传至今的传说故事，丰富了民间文化的内涵。

《汉书》记载，西汉武帝元狩三年（公元前120年），汉武帝下诏在长安西南角开凿昆明池，用来训练大汉王朝水军，湖面广阔，达三百三十二顷，可宋代以后居然湮没无踪了。相传就在开掘昆明池时，曾挖到了一些黑色的灰状物质，汉武帝便问东方朔："这些是什么土？"东方朔说："陛下可以去询问西域来的天竺人，他们应该认得。"后来，竺法兰来到了中土，人们就追问他可认得那些黑灰？竺法兰说："在天地万物到了尽头的时候，劫（佛教以一成一败谓一劫，在现在生活的天地之前，已经有无量劫，即数不清的劫难。每经历一劫的过程中，必会有佛得道，来到人间教化世人。佛教认为人们现在正在经历的这一劫中，将产生千尊佛。）火就会燃起，这些黑灰就是劫火燃烧万物后留下的灰烬。"因为东方朔先前就曾说过天竺人一定认得，人们便对竺法兰的话深信

白马寺

洛阳白马寺佛像众多，栩栩如生

不疑。其实竺法兰在这一解释中，已使佛教的一些观点深入民心。另有传说正是这两位天竺高僧"揭开了五台佛国历史的第一页"。据说就在白马寺落成的汉永平十一年，竺法兰和摄摩腾曾到五台山，见五台山山势如同"灵鹫飞翔、神鹤栖息"，这是神山圣地之象，于是，便急忙禀告汉明帝，建议在五台山上修建庙宇僧院。五台山从此开始逐渐发展成为香火不绝的佛法圣山。

竺法兰、摄摩腾两位高僧为佛教在我国的传播做出的贡献是无可替代的，但是，当时佛法刚刚传入中土大地，佛法经义又极其深奥难懂，人们还不能一下就接受这一新兴事物，所以在当时产生的影响并不非常显著。

白马寺高僧及庙会文化

此后，又经过众多高僧和佛教信徒的努力，佛教在我国才广泛流传，深入人心。而昙柯迦罗便是其中非常重要的一位僧人。

## 2. 昙柯迦罗

昙柯迦罗也是中天竺人，他的俗家家资殷实，经常捐资修葺佛寺，补漆佛像，积累功德。昙柯迦罗天资聪慧，读书过目不忘，又悟性极高，往往能够自行通晓文章义旨。对于世间各种智慧之论，如天文星象、玄机变化等无所不通。昙柯迦罗也因此而自视甚高，自称：天下的学问、事理都在我的腹中，无所不知。他在25岁时，来到一座僧院，看到一本《毗昙》经，随手拿来翻看，竟然不能理解其中含义，便开始仔细研读，反倒更加迷茫，不知所云。

每天清晨，白马寺的僧侣们都会焚香诵经，撞钟报时

白马寺

洛阳白马寺藏经阁一景

昙柯迦罗于是大为感慨："我学习这么多年，纵览经典，游刃有余，从来都是一眼洞穿词旨，通晓文义。今天读佛书竟然如此出乎意料。可见其中必定有极其深邃精要的道理。"于是便请来一位比丘（苦行僧）为自己稍作解释。这才深悟其中的因果轮回，三世精要。到这时，他忽然领悟到佛法的宏阔精深是世俗的典籍无论如何也不能达到的。

从此，昙柯迦罗便舍弃了世俗的荣华富贵，出家苦修，研习诵读佛教大小乘经典和各类其他佛典，并且经常游历各处，教化讲学。昙柯迦罗在魏齐王曹芳嘉平年间年，来到当时曹魏的都城洛阳。时至昙柯迦罗来到白马寺，佛教传入中土已近二百年，中土佛教已经开始大行其道。但是，正如前面所说，

洛阳白马寺大佛殿菩萨像
洛阳白马寺大佛殿天王像

佛教经义深奥难解，所以仍有许多讹误，而中土僧众还没有后来佛家所遵守的各种清规戒律的约束。于是，当昙柯迦罗在洛阳白马寺落脚之后，便有很多僧人请他翻译一些佛教戒律用来约束众僧，端正佛门纲纪。由于佛经律部制度极多，昙柯迦罗便根据当时中土佛教传播的现实情况，选择性地翻译出了《僧祇戒心》——第一部汉文佛律，命佛门弟子早晚诵记、谨守，又请天竺僧人为中土僧众摩顶受戒。至此中土佛教才有了"戒律"。后来昙柯迦罗离开洛阳，继续他的游历传道生涯，不知所终。而由于昙柯迦罗在中土佛教发展中的特殊地位，被后世中土的佛门信徒奉为中国的"律宗之祖"，白马寺成为中国佛教"戒律"的诞生之地，每年全国各地众多的佛门信徒不远万里赶往白马寺侍佛受戒。

### （二）白马寺庙会文化

在庙会文化中，单一型的庙会和群体性的庙会，都是由于特殊的社会历史条件形成的。洛阳长期作为社会政治和文化的中心，文化历史渊源久长，尤其是宗教的重要集结地，便形成了规模宏大的古庙会群。洛阳庙会群以佛事为主，历史上与佛教活动联系密切。由于洛阳特殊的社会文化发展因素，佛文化在洛阳庙会群中影响相当深远，形成了洛阳庙会群的独特的祭祀内容，千百年来的沧桑巨变，并没有从根本上改变洛阳庙会群

洛阳白马寺供奉的佛像

白马寺高僧及庙会文化

的这一特色。而在洛阳的庙会群中，从时间上看，白马寺和尚会形成最早，在全国范围内的影响也是极大的。

相传白马寺兴建之后，佛教事业日渐兴旺发达，引起了道教的不满。汉永平十四年（71年），即白马寺建成后的第三年，有一个叫诸善信的道士，纠集了五岳十八观，太上三洞六百九十名道士赶往洛阳城，联名上书汉明帝，对兴佛废道表示抗议，痛斥佛经"虚妄"，向皇帝提出要与西域胡僧进行斗法以试真伪。汉明帝准许佛道两家在白马寺南门外筑坛，待选定日期分定输赢。于是在正月十五这一天，

前来洛阳白马寺拜祭的游人络绎不绝

白马寺

白马寺南门外人山人海，自皇帝到文武百官，都亲临现场观战，佛道两家各选代表登坛比试。第一回合辩论教义，结果各不相让，不分胜负。第二回合比坐功，结果道家先败下阵来。第三回合佛教持舍利，道教持经藏，放在各自的法坛上用烈火焚烧以显示真伪。一阵烈火之后，道教的经藏皆被焚成灰烬，随风飘散了。而佛教的舍利则大放光明，火光中放五色光芒，直冲空中，"旋环如盖，遍覆大众"。这个传说非常生动形象地体现出佛教传入后与中国本土道教之间的冲突。自此，佛教大振，每年的农历正月十五都有天下数不清的和尚来到白马寺朝拜，于是形成举世闻名的和尚会。在这一天，和尚们聚集在白马寺外，切磋教义真谛，三日后才会渐渐散去。

白马寺的佛事活动影响了当地的生活习俗

白马寺庙会分为两大类习俗，一是佛门弟子的佛事活动，二是民间百姓求子、还愿等把佛作为神灵崇拜的活动。另外，随着时代的发展变化，各种生产工具和生活用品的销售活动成为庙会的一部分。白马寺的佛事活动不但影响了当地的生活习俗，而且对各地文化交流也产生了一定的影响。

白马寺中的佛事活动，除了相传的正月

白马寺庙会上的民俗表演

十五大会外，每月逢"三"日（即初三、十三、二十三）都有物资交流大会，另外，佛教的节日活动诸如四月初八"浴佛节"、七月十五"盂兰盆会"等佛事活动中，僧人们朝夕诵经，作功课。早晨和晚上，僧众一起到大殿内或法堂内读诵经文，膜拜佛像。每日早斋和晚斋要依照着《二时临斋仪》以所食供奉菩萨，为众生祈祷发愿之后，僧人们才能用餐。从早到晚，他们还有许多咒语，若农忙时，还有"出破"等"农禅制度"。在此基础上，白马寺和尚进行"布萨""安居""演净"等宗教活动。

所谓"布萨"俗称为"说戒"，即阴历每月的十五日集体检查自己是否为犯了戒律，若有则进行"忏悔""反思"。这是白马寺和尚会的重要活动之一。所谓的"安居"，一般在四月十五日至七月十五日，僧众聚会，由他人检举揭发自己的过失。"演净"等活动是佛教七月十五日"盂兰盆会"中的重要步骤。"盂兰盆"意为"救济倒悬"，与"布萨"一样都是对梵音的直接翻译。传说当年目连的母亲死后变为饿鬼，在地狱中忍受"倒悬"之苦。目连求佛救自己的母亲，佛则让他在每年的七

白马寺祭拜所用的莲花灯

白马寺出售各类香烛，供人们祭拜之用

月十五日，备好百味事供养僧众，积善成德，使他的母亲摆脱厄难。后来衍化成为亲人超度，在民间非常普遍地流行。

盂兰盆会在七月十五日进行，这之前的几天建立"中元坛""普施坛"和"孤魂坛"三坛。当天早晨，一队行法僧人在唢呐乐队的伴奏下登场，为首的"导师"拿着"铎"，后面的几位分别拿木鱼、引磬、铛子和鼓等器具，开始"演净"，即净坛后开坛，求佛下界。然后，进行"引魂"，引鬼魂入坛待佛超度。再接着"拜忏"，读《慈悲水忏》。晚上进行"普施"，放焰口，放河灯，烧法船和"灵房"。放焰口不一定在寺院里进行，也可以在民宅

白马寺安宁静谧、气氛庄严

内，比较随便。焰口的全称为"瑜伽焰口"。瑜伽是梵文 Yoga 的音译，意为"手结密印，口诵真言，意专观想；身与口协，口与意符，意与身会"，身、口、意"三业相应"。焰口即寇仲吐出火焰的饿鬼王。

相传，有一天阿难正在修行禅定，饿鬼王对他说，三天之后阿难就要死去，成为饿鬼，如果想免去痛苦，就必须普施所有的鬼神。阿难从佛城得到施食的方法，就成了放焰口的习俗。放焰口的程序是，施主或称功

洛阳白马寺藏经阁景观

德主选定一处场地，摆设好法坛即"瑜伽坛"，由三张长条案摆成"U"字形，正面的称"主坛"。主坛的对面设"面然大士坛"和"灵坛"，在灵坛上书写"佛力超荐，往生莲位"。准备好后，由座主领唱《杨枝净水赞》，净坛烧香时在座的要依次礼拜，诵《心经》《往生咒》等经文，唱《观音赞》。最后将面然大士纸佣和灵坛牌位一齐烧掉，表示功德圆满，遣送亡灵脱离苦难。有的人家将糖果一撒让孩子们乱抢一空即告完毕。

放河灯和烧法船常在水中进行。河灯又称"荷花灯"，用纸糊成莲花瓣形的灯，在里面点燃蜡烛，放进水中，意在拯救淹

白马寺

死的亡魂，给他们指路照明。法船也是用纸做成的，和真正的船一样精致，上面扎有楼房、金银财宝、舵、桨和水手等，用火点燃后推向水面。意在超度众生渡过苦海，到达幸福的彼岸。这两项活动一般都在夜晚进行，一方面在于鬼魂夜晚出没的迷信说法，一方面在于火光在夜晚更为辉煌。

烧灵房更为有趣，白天夜晚都可以进行，其意在为亡灵做"先锋"，提前到天庭为亡灵说情，或者搞点"贿赂"请天帝尽量赦免亡灵罪过的意思。建国前此习俗较盛，近几年又重新抬头，而且做工比以前更为考究。它体现出佛文化和洛阳本土文化特别是鬼神文化的融合现象。"灵房"是一种相当复杂

洛阳白马寺天王殿景观

的庭院模型，因人的家庭和亡灵的身份不同而差别非常明显，有的是草房，有的是瓦房，有的是楼阁亭榭，现在有的则变成了摩天大楼。在庭院里停放着车、马、奴仆、金银财宝和牲畜家禽等物类，随着时代发展，现在增添了飞机、汽车、摩托、自行车、拖拉机等现代生产运输工具。所有的这些都是用纸扎成的，或用白纸，或用彩纸，或用金银箔。另外，灵房扎制成之后，还要外配一个"赦马子"或称"赦马公"带路，引荐亡灵和这些"礼品"一起到天庭。赦马公是指马上骑着的纸人，大小不

白马寺

等。值得一提的是，烧灵房的主持者除了佛教徒之外，有时为亡灵的亲人。

在白马寺和尚会的习俗中，影响较大的除了七月十五日盂兰盆会等佛事活动外，还有水陆法会、浴佛、行像等。水陆法会或称为"水陆道场""水陆斋"。所谓的"水陆"，意为超度水中和地面上一切亡魂而设。它和盂兰盆会不同的地方在于时间上不一样，仪式上更为复杂。其主要活动也是诵经、设斋，礼佛拜忏，追荐亡灵，通常由地方豪绅、官宦、富商一类人物所请，一般人不敢办理。这因为首先是参加法事的人多，通常有八十人左右，多的时候甚至达一千人以上，时间较长，吃喝费用较多。最少的不能少于三天，一般的六天或七天，最多能达四十九天。办法事时的"水陆画"，一般的有一百二十幅，多的达二百多幅。一般人家的庭院很难挂起这些画像。其铺张程度令人惊诧。

洛阳白马寺匾额

水陆法会的道场一般分为内坛和外坛。内坛多设在大殿中，外坛指念经的坛。第一天的三更时分用"法水"洒遍戒坛，称为"洒净"，意为有了一方净土。四更时分诵经咒，施法力，使戒坛与尘世相隔绝，称为"结界"。五更时分即请神赴会，上至佛、菩萨、各路

洛阳白马寺大佛殿殿前造型独特的香炉

神仙，下至阎王判官、鬼神精怪。第二天的四更、五更时分分别请神佛上堂，把各路大军的画像在诵经时挂起来，敬上高香，准备好纯清水等待斋戒。第三天是正事，请各路神佛在一起召开办会会议，请他们讨论通过僧人们"超荐"的那些人名单，如斋主的父母亲人等，让他们脱离苦海的煎熬，得到幸福。第四天请下堂，把那些居住在地面水中的龙王、冥王和等待超荐的六道众生请来。这些主要是与上堂相对的神灵和亡魂。接着进行奉浴、说戒。第五天里供下堂，僧人们一齐诵《信心铭》。在第六天里，由主持法事的僧人亲自祝下堂后，在午时之前放生，即斋主们把鱼放

白马寺

回河水中等还给动物以自由的仪式。第七天
的五更时代，僧人们普供上下堂。供品中有
灯烛、香、点心和一些水果，如苹果、橘子、
香蕉等，全为素食。至未时，再将上下堂迎
接到外坛，至申时"送圣"，即将上下堂都
送出会场，与此同时，将列有名单和各种咒
语的超荐书等材料烧掉。法会至此结束。

盂兰盆会和水陆法会在白马寺和尚会中
有非常重要的意义，成为和尚会的主要组成
部分。在白马寺和尚会的各种习俗中，僧人
所主持的各种活动固然重要，而民间前来烧
香拜佛的善男信女们的崇拜、祈祷活动，以
及相随的各种民间文艺活动同样重要，只是
后者多集中在白马寺和尚会的主会，即正月

洛阳白马寺山门外的放生池

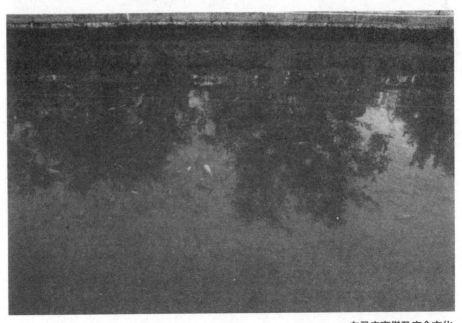

白马寺高僧及庙会文化

051

洛阳白马寺白马雕像

十五会上，平时较少。

　　白马寺的庙会活动是历经了数百年的发展而逐步形成的，它的各项活动混合了佛教自身教义和地方民俗的多种因素，在洛阳当地和全国都具有相当大的影响，体现了佛教与我国民间文化之间的相互接纳、融合，白马寺庙会文化也成为我国佛教文化活动的重要组成部分。

白马寺

三、白马寺遗宝与中国工艺文化

洛阳白马寺牌坊式山门一景

白马寺初建时，建筑规模极其宏伟壮观，"悉依天竺旧式"，但是千百年来几经兴废，最初的建筑群已毁坏殆尽，但是，由于它自身在佛教史上的独特地位和重要意义，历代都不忘对它进行补葺、修建，为今人留下了很多宝贵的历史记忆和艺术瑰宝。

（一）白马寺佛像与中国造像工艺

今天的白马寺建筑规模和布局，基本上属于明世宗嘉靖三十五年（1556年）重修后的遗存，清代又在此基础上曾多次修葺。今存白马寺坐北朝南，总面积约4万平方米，院落呈长形，牌坊式山门（佛寺正门多称"山门"，主要是由于我国佛寺多依山而建），三洞石砌弧券门，象征佛教的三解脱门，即所谓空门、无相门、无作门。其中部分券门上还刻有工匠的姓名，有如"李伯""左仲""冯须治"字样，或疑为东汉遗物，应为白马寺最早的古迹。山门外两匹青石圆雕马，低头负重而立，高1.75米，长2.2米，相传是由白马寺的住持德结和尚，从北宋右马将军魏咸信（宋太祖赵匡胤的女婿）的墓前搬迁至此的。

洛阳白马寺石雕佛像表情安详，姿态优雅

缘山门而入，在整座寺庙的中轴线上，是白马寺的主体建筑：天王殿、大佛殿、大雄殿、接引殿、毗卢阁等五座大殿。在这些殿阁中，供奉的众多佛教造像，这些佛教造像不但是佛教信徒眼中的圣物，更是珍贵的艺术品，大都蕴含着超出塑像本身的历史、文化意义。

白马寺现存佛像中，多数为元、明、清三代作品。如明代改建元代山门殿而成的天王殿，殿内就供置着很多具有文物价值的造像。大殿因为两侧供奉着四大天王相而得名。四大天王又被称为"四大金刚"，分别为：东方持国天王多罗吒，南方增长天王毗琉璃，西方广目天王毗留博叉，北

白马寺

方多闻天王毗沙门。四大天王造像以各自所持的法器不同，而分别代表风、调、雨、顺。四尊神像皆塑造得体躯魁梧、威风凛凛，全都是清代的泥塑作品。

　　大殿的中央佛龛内，供置着满面笑容、赤脚打坐，右手持念珠、左手握布袋的弥勒佛像，这尊佛像为明代所塑。众所周知，在中土佛教传说中，弥勒菩萨为未来佛，将继释迦牟尼佛之位。但是，关于弥勒像的原型、来历却传说不一。《洛阳伽蓝记》载，北朝时，有个和尚宝公，不知从何处来，相貌丑陋，却心智通达，能知过去未来，可见三世之事，常有预言，但是人们都不能理解。胡太后（北魏宣武帝皇后，孝明帝母）曾向他问讯世事，宝公预言说："把粟与鸡呼朱朱。"

洛阳白马寺是我国宝贵的物质文化遗产

白马寺遗宝与中国工艺文化

洛阳白马寺雕刻得栩栩如生的石狮

当时人们都不能理解其中含义。北魏孝庄帝建义元年（528年），并、肆、汾、唐、恒、云六州讨虏大都督尔朱荣攻进洛阳，杀死胡太后及幼主，正应验了宝公预言。人们或传宝公为白马寺弥勒像原型，但是，并无当时佛像遗存，不敢确论。又有民间传说五代时，浙江一带有位和尚契此，经常用一根锡杖挑一个布袋往来于热闹的街市，人称"布袋和尚"。他常四处乞讨，随地睡觉，形态疯癫，传说他的布袋乃是转生的宝袋。在他临死时，曾作偈语说："弥勒真弥勒，分身千百亿。时时示时人，时人自不识。"于是人们就传说他是弥勒

白马寺

佛的化身，并根据他的形象塑造了一尊佛像，供于白马寺内天王殿内。实际上，浙江民间传说中的"布袋和尚"，与天王殿内这尊笑口常开的"欢喜"弥勒佛，是否真的存在原型关系，也很难做定论。但是，弥勒佛在中土的产生，却是印度佛教中国化的一个缩影，是中土文化对印度佛教的一种消化与融合。而弥勒佛龛本身是一贴金雕龙木龛，龛顶和四周共雕有五十多条姿态各异的龙，雕工精细，栩栩如生。木雕是我国民间美术工艺的一个品类，因其雕刻材料为木质而得名。木雕一般从质地细密坚韧、不易变形的如楠木、紫檀、樟木、柏木、银杏木、沉香木、红木、

白马寺大王殿笑口常开的弥勒
佛像

洛阳白马寺众佛像

白马寺

龙眼木等树种中选材。采用自然形态的树根雕刻而成艺术品的则称为"根雕"。木雕技法一般有圆雕、浮雕、镂雕等等。我国自战国以来便有大量木雕俑和木雕动物存世，唐宋时出现大量人物、仙佛、鸟兽木雕。到明清两代小型木雕摆件、建筑木雕装饰和木雕日用器物大为发展。白马寺的这贴雕金龙木龛即为清代木雕艺术品中的上乘之作。

天王殿后大佛殿中央供奉着"释迦灵山会说法像"，由释迦牟尼佛及其两位高徒摩诃迦叶、阿难三尊像构成。这组造像取材于"释迦灵山会说法"的禅宗典故。相传一次，释迦牟尼在灵山法会上为众弟子讲法，却手

洛阳白马寺四壁精美的雕刻

拈鲜花，微笑而坐，不言不发。众弟子惘然不解其意。这时，只有摩诃迦叶发出了会心的微笑。见此，释迦牟尼说道："我有正眼法藏，涅槃妙心，实相无相，微妙法门，不立文字，教外别传。"从此摩诃迦叶就成为"不立文字，教外别传"的禅宗传人。实际上，禅宗是印度佛教在中国传播过程中，受到中土玄学影响而形成的本土化佛教。禅宗讲求所谓"顿悟"，因此才有了这则顿悟佛祖法义的佛教典故。而中国禅宗也因此典故，奉摩诃迦叶为"西土第一祖师"。而这组佛教造像正形象地反映了这个"顿悟"的"合法化"的典故。

白马寺大雄殿是一座悬山式建筑，是

白马寺

每年都有很多人来白马寺拜
佛祈求平安

洛阳白马寺雕刻精致的汉白玉栏杆

白马寺遗宝与中国工艺文化

洛阳白马寺长廊内挂着很
多书画家的书画作品

寺院内最大的殿宇。在一般寺庙内，通常
所见为"大雄宝殿"，而白马寺"大雄殿"
却略去"宝"字，实际取义"有宝不外露"。
而大雄殿究竟有什么宝贝呢？其中最具文
物价值、驰名中外的艺术瑰宝，便是供置
其中的元代"夹纻干漆"佛像：三世佛（释
迦牟尼佛、药师佛、阿弥陀佛）、二天将
（韦驮、韦天）及十八罗汉。其中三世佛
均为卧佛；韦驮像高 2.17 米，白皙英俊，
温文尔雅，韦天像高 2.01 米，赫面瞪目，
孔武刚强；十八罗汉皆为坐像，通高 1.55—
1.61 米，姿态不一，神情各异，全用漆、麻、
丝、绸在泥胎上层层裱裹，然后揭出泥胎，

白马寺

制成塑像。整组佛像构图协调，气韵生动，是我国古代夹纻干漆造像珍品。"夹纻干漆"是一项古老的手工技艺，大约萌芽于战国，它采用干漆、苎麻、五彩石粉等为原料，经过烘干、打磨、夹苎等四十八道工序完成。经过这一系列加工，木雕造像便不会随着时间的流逝，在自然力的侵蚀下出现开裂、变形、褪色的状况，可以使造像永久保持鲜活。这是造像工匠在反复的尝试后，找到的让木雕造像保持永久艺术魅力的方法。这种工艺在隋、唐时臻于鼎盛。可惜自宋代之后，这种造像工艺逐渐失传。至今，元、明时期的作品，国内已非常罕见，白马寺大雄殿内的这组佛教造像，是目前国内仅知的一例。其珍贵价值可想而知。

洛阳白马寺天王殿佛像

另外，大雄殿大殿背壁上还刻镂着排列整齐的五千余尊微型佛像，殿后接引殿内供着"西方三圣"：中有阿弥陀佛立像，左为持净瓶的观世音菩萨，右边大势至菩萨手握摩尼宝珠。阿弥陀佛别名无量寿佛、无量光佛，他是西方极乐世界的教主。早在东汉的译经中，就有记载阿弥陀佛故事的经典被翻译流传，六朝时注重往生极乐的思想，就是建立在阿弥陀佛信仰之上的，并由此逐渐形成了后来的"净土宗"。净土宗因专修往生阿弥陀佛净土的法门，是中国佛教的一支，比如超度亡魂升天等法事都属于净土宗的职能范围。随着净土宗在中国的普及，阿弥陀佛也成为最流行的佛（甚至连"阿弥陀佛"四字，都成为一般中国佛教徒之间的问候语）。大势至菩萨，是阿弥陀佛的右胁侍者，又称大精进菩萨。据《悲华经》记载，过去曾有个转轮圣王，有四个儿子，大皇子是观世音菩萨，二皇子是大势至菩萨，三皇子是文殊菩萨，四皇子是普贤菩萨。而转轮圣王修行成佛后，便是西方极乐世界的阿弥陀佛，而观世音和大势至便成为父亲的左右胁侍。他掌管智慧

洛阳白马寺弥勒佛像

白马寺

洛阳白马寺四大天王像之一

之光,让智慧之光普照众生,赋予众生无上之力,解脱血光刀兵之灾。这组造像均为清代泥塑。泥塑,是我国一种常见的古老的民间艺术,这种泥塑艺术历史,在我国可追溯到新石器时期(距今约四千至一万年)的史前文化。据考古发现,我国浙江河姆渡文化遗址出土的陶猪、陶羊,河南新郑裴李岗文化遗址出土的古陶井及泥猪、泥羊头,都已

洛阳白马寺威风凛凛的南方
广目王像

被确认是人类早期手工捏制的艺术品，而它们距今已有六七千年。泥塑工艺以泥土为原料，手工捏制成形。但所用原料需精心准备，一般选用细腻的黏土，经过捶打、摔、揉的手工工序，有时需在泥土中掺入棉絮、纸或蜂蜜。中国泥塑艺术自它产生的新石器时代至今一直没有间断，在汉代时已是主要的艺术品种。考古发掘中大量的陶俑、陶兽、陶马车、陶船等等就是很好的见证。而两汉以后，佛教的传入和道教的兴起，直接促进了泥塑造像的需求，加速了泥塑艺术的发展。唐宋时，泥塑艺术达到了顶峰。泥塑工艺不仅限于宗教造

白马寺

像之用，专业以捏小型泥塑玩具的艺人大量涌现。此后至今泥塑艺术品始终流传不衰，成为我国民间手工艺术的重要组成部分。

大雄殿后，又有重檐歇山楼阁式建筑（歇山建筑是我国古建筑中最基本、最常见的一种建筑形式，这类屋顶多用在建筑性质较为重要，体量较大的建筑上，前后左右共有四个坡面，在左右坡面上各有一个垂直面。歇山建筑屋面的特点是峻拔陡峭，四角轻盈翘

洛阳白马寺古朴的香炉

洛阳白马寺天王像

起，玲珑精巧，气势非凡，既有庑殿建筑雄浑的气势，又有攒尖建筑俏丽的风格）——毗卢阁，阁内正中砖台座上，设木龛供奉毗卢遮那佛像。毗卢遮那，梵语意为"大日佛"，毗卢遮那佛便是大日如来佛，他象征着光明普照，佛法无边。传说佛有三身，分别是：毗卢遮那佛、卢舍那佛和释迦牟尼佛。毗卢遮那佛，是法身

白马寺

威风凛凛的造像是洛阳白马寺一道独特的风景线

佛，因为佛以法为身，所以称法身，其常处于安静光明的净土，简称毗卢佛。这尊佛是密宗所尊奉的最高神。毗卢佛的左边为文殊菩萨，右边是普贤菩萨，如来佛与文殊、普贤菩萨的这种组合，在佛教中合称"华严三圣"，均为清代泥塑，也都是不可多得的艺术品。

（二）碑刻艺术

碑刻是中国书法艺术的一种载体。古人常将书法家、名人书写好的墨迹写在平整的石板（或石壁）或木板上，然后镌刻成碑，以此方法使墨迹留存后世。主要的碑刻有碑、

洛阳白马寺威风凛凛的天王像

建筑刻石、摩崖刻石、墓志等等。碑一般由底座、碑身、碑额三部分组成，有些碑刻工艺十分精美，底座常雕成赑屃（乌龟）形象，碑额则为双龙盘绕浮雕，碑身镌刻碑文，碑阴处或两侧均可以镌刻文字。后人将碑文拓印下来，称拓本，以供欣赏、临摹，即为碑帖。碑帖拓印于碑刻，将碑刻所负载的文化历史内涵一同拓印下来，形成一种新的融历史文化、艺术品位与工艺加工三者于一身的艺术品，成为书法、收藏爱好者的挚爱，常被古典文化和历史研究者视若珍宝。而有许多碑刻历经数代，

白马寺

原石已毁，仅存的原拓本，或称孤本，就必然价值不菲。

白马寺现存历代碑刻共约四十余方，记录了白马寺在各个历史时期的部分重要事件，具有较高的文物价值和历史研究价值。

白马寺山门内，西侧有一座《重修西京白马寺记》石碑。宋太宗赵匡义曾下诏重修白马寺，修成后，为此事立碑，碑文由苏易简撰写。苏易简（958—997年），字太简，梓州铜山（今四川绵阳玉河）人，宋太宗太平兴国五年（980年）庚辰科状元，以文名传于天下。在我国传统文化中，非常重视碑文的撰写，尤其是这种天子主持之事，必请当时文坛之佼佼者撰文。此篇碑文于宋淳化

洛阳白马寺狄仁杰墓碑

**白马寺遗宝与中国工艺文化**

洛阳白马寺铸经文（局部）

洛阳白马寺毗卢阁断文碑

白马寺

三年 (992 年 ) 刻碑立于寺内，碑文分五节，矩形书写，人称"断文碑"。白马寺山门东侧又一座《洛京白马寺祖庭记》石碑，是为元太祖忽必烈两次下诏修建白马寺而作，碑文由当时的白马寺住持仲华文才撰写。后来,元顺帝至顺元年 (1330 年 )，由著名书法家赵孟頫刻碑，立于寺内的，人称"赵碑"。赵孟頫（1254—1322 年），字子昂，号松雪道人，又号水精宫道人、鸥波，吴兴（今浙江湖州）人氏，故画史又称"赵吴兴"。赵孟頫博学多才，能诗

洛阳白马寺大雄宝殿一景

善文，特别是书法和绘画成就最高，开创了元代的新画风，被称为"元人冠冕"。他是我国楷书四大家（欧阳询、颜真卿、柳公权、赵孟頫）之一，在我国书法史上占有重要的地位。赵孟頫传世墨迹较多，代表作有《千字文》《洛神赋》《胆巴碑》（胆巴是朵甘思的旦麻人，即今青海省玉树藏族自治州称多县人。忽必烈在位时，胆巴为帝师，为元代重修白马寺和佛教的发展做出了突出贡献）、《归去来兮辞》《兰亭十三跋》《赤壁赋》《道德经》《仇锷墓碑铭》等，都是后世书法爱

白马寺大雄宝殿一景

好者争相效仿的模版。

　　白马寺大雄殿的东侧壁间立有宋碑
《摩腾入汉灵异记》，在碑刻领域中，一般
来说，金石学家们，尤其是书法家们，大
多普遍注重唐和唐以前的碑刻。自宋代起，

白马寺

尤是元代后的碑刻不太受到注重。如王昶的《金石萃编》所记便截载于辽金时期。其中的原因是多方面的，但是，主要原因在于，一方面从宋代至清代的碑刻在形制、字体等诸多方面，与隋唐的碑志区别不大，没有太多特色；另一方面，是由于我国幅员辽阔，自宋代以来，全国各地的碑刻林立，除一些重要的碑刻，具有较高的史料、艺术、书法价值外，多数碑刻无论从其内容、形制和书

斑驳的石碑仿佛在为游人讲述着白马寺悠久的 历史

法等方面都较平庸，很难引起人们的重视；第三，尽管一些碑志不见于一些较为著名的金石著录中，却已经被一些方志所载录，如各地的县志、乡志等都给予了载录。而这却正是我国文化发达成熟的一个重要表现，其实只要人们静下心来，仔细琢磨研究，仍有不少可取之处。这座《摩腾入汉灵异记》碑记述了齐云塔创建原委。齐云塔，是中国第一座释迦舍利塔，建于汉明帝永平十二年（69年），有"中国第一古塔"之称。据记载，汉明帝于永平十二年二月八日，驾临白马寺。与摄摩腾、竺法兰交谈中，摄摩腾问："皇帝陛下知道白

洛阳白马寺铜鼎上的铭文（局部）

白马寺

马寺的东南方是什么地方吗？"明帝说："朕听说早在周代以前，那里忽然涌起一个土阜，有一丈多高，人们几次把它铲平，很快就又涌起来。并且土阜上常会放出金光，百姓们都觉得非常神奇，把他称为"圣冢"。从周代至今，百姓经常祭祀，祈求诸事，非常灵验。但是，至今也没有人知道那是什么。"摄摩腾说道："《全藏经》中说过：释迦牟尼佛灭度（相传：释迦牟尼八十岁时，一天，来到了拘尸那伽城外的娑罗双树林里，这地方四方各有两株娑罗树，枝叶相映而生，中间绿草如茵，香气四溢。佛命阿难在双林中铺设床席，然后头向北面，右肋着席，叠足安卧，

白马寺遗宝与中国工艺文化

洛阳白马寺中日友好纪念碑

午夜时，他对弟子留下遗教，便默然无声，安详圆寂了。）一百多年后，有一位阿恕伽王，将佛骨舍利安放于天下，共有八万四千处，东土中国有十九处，陛下所说的"圣冢"，就是十九处中的一处。"于是，汉明帝下诏，按照两位高僧所说的印度佛塔的样式，在"圣冢"之上，修建九层佛塔，高五百余尺，"岌若岳峙"，赐名为"齐云"。

白马寺

齐云塔初建时是木塔，后来毁于雷火。洛阳白马寺现存齐云塔，高三十五米，共十三层，为金大定十五年（1175年）重修而得，所以常被称为"金方塔"，距今已有八百多年的历史。

洛阳白马寺草书联句碑（局部）

对于这座宋碑《摩腾入汉灵异记》，清代大经学家、文学家毕沅说它"字体绝类《圣教记》，北宋人书，犹有晋唐风格，良可爱也"。东晋大书法家王羲之曾作《圣教记》，刻于石碑之上，这块石碑现藏于陕西西安博物馆。毕沅的这段话是说这篇《摩腾入汉灵异记》石刻书法字体很像王羲之的《圣教记》，极具魏晋古风，具有很高的艺术价值。因此，人们常怀疑早在东晋之前，白马寺原应有记述这一盛况的石刻，王羲之曾以此作书法，后来在战乱中逐渐损毁。宋代重修白马寺，据残迹重刻《摩腾入汉灵异记》，立石碑于此。另外，又有宋徽宗崇宁二年（1203年）石刻，镌刻有宋徽宗追赐竺法兰、摄摩腾二位天竺高僧的封号。

在白马寺这些遗迹的背后，我们都能看到历史的沉淀和我国传统工艺的匠心独具，不能不说是我国古典文化遗存的至宝。

洛阳白马寺雕刻精巧的碑额显示了我国古代 能工巧匠们高超的艺术造诣

　　白马寺历史悠久，是中土佛教传播史的开端，历久而不衰，众多高僧曾在此诵经传道，它具有的特殊意义是后来的众多寺院所难以匹敌的。而它北倚邙山，南襟洛水，风景清幽，寺院内殿宇巍峨，宝塔高标，古木参天，每当晨曦初露，寺僧上殿诵经，撞钟击磬，钟声可传数十里不绝。"马寺钟声"被誉为"洛阳八大景之一"（龙门山色、马寺钟声、金谷春晴、洛浦秋风、天津晓月、铜驼暮雨、平泉朝游、邙山晚眺合称为"洛阳八景"）。因此无论从其历史意义出发，还是从它的景观角度出发，都吸引着无数的佛教信徒和文人墨客专程到此礼佛、参观，留下很多优秀诗篇。

　　在白马寺中，和马寺钟声一起为世人所称道的景致还有清凉台、齐云塔、焚经台、藤兰墓、断文碑，此六处胜景被古今之人合称为"白马寺六景"。这六处不仅景致独特，而且都负载着各自不同的历史文化内涵，吸引着高僧、名士流连于此，发怀古之思。而在吟咏白马寺六景的诗篇中，最具盛名的是刻在白马寺清凉台东配殿的碑碣上的两组白马

# 四、白马寺六景组诗及其咏史诗

洛阳白马寺线条优美，极富艺术性的碑额

寺六景组诗，他们分别是白马寺住持释如琇的《白马寺六景》组诗，以及清人孙云霞的和释如琇的《和颖公白马寺六景》诗一组。两组诗作如下：

白马寺六景有序

释如琇

榆枋西来，几废几兴，奈园一区，是为祖庭。衲竖刹于此，禅诵之余，偶拈古迹六事，缀以韵言。倘瑶篇不吝，衲为引玉云尔。

清凉台

香台宝阁碧玲珑，花雨长年绕梵宫。

石磴高悬人罕到，时闻清磬落空濛。

齐云塔

洛阳白马寺大钟

风回铁马响云间，一柱高标绝陟攀。

舍利光含秋色里，峻嶒直欲压嵩峦。

焚经台

榆档贝文是也非，要从烈焰定真机。

行人指点寒烟外，日落荒台锁翠微。

夜半钟

古寺云深藓径封，离离百八动千峰。

白马寺

洛阳多少利名客，野店梦回第几春。

藤兰墓

茔封对峙依林隈，断碣模糊长绿苔。

金骨流香天地永，不随人世纸钱灰。

断文碑

笔锋磨灭失真踪，天妒奇文薛尽封。

会有秋风生暮雨，森森鳞鬣起蛟龙。

洛阳白马寺建筑上的浮雕

白马寺六景组诗及其咏史诗

洛阳白马寺香炉

白马寺

和颖公白马寺六景

清凉台

金墉城外有危台，伏夏时闻爽赖催。

遮尔化衣飞难到，阿谁名利不心灰。

夜半钟

蒲牢怒吼夜阑清，袅袅夜风出化城。

惊觉洛阳千户晓，银床未转辘轳声。

断文碑

洛阳白马寺著名的断文碑

萋萋驳藓睡云根，蝌蚪离离蚀雨痕。

诵读奇文僧已定，蝎来拔草暗中扪。

焚经台

非将然焰辨瑕瑜，贝叶谁云不作怒？

颂圯祖龙还试问，可能焚得六经无？

齐云塔

浮屠臂系涌何干，影出重霄酿暮寒。

金谷迷楼犹在否，惟留一柱撑震旦。

白马寺

藤兰墓

连环香骨委金滩，华表双双马鬣蟠。

邙阜列茔俱寂寞，千秋独秀是藤兰。

《白马寺六景》组诗的作者释如琇，是
清代康熙时白马寺的住持，俗姓潘，洛阳人
氏。9岁时便在临汝风穴寺出家，后来到白
马寺，为第三十代临济宗（临济宗为禅宗五
个主要流派之一。禅宗从曹溪的六祖慧能，
经历南岳、马祖、百丈、黄檗，一直到临济
的义玄，他在临济禅院扬名而成一家，后世

洛阳白马寺蚊龙起舞石
刻

白马寺六景组诗及其咏史诗

称这一支为临济宗）。享寿 72 岁而亡，释如琇的舍利塔仍保留在今天白马寺容校院院内。释如琇住持是一位书法僧人，今天白马寺内还有很多他撰写的碑文、题记、诗篇，创作颇丰。而第二组和诗的作者孙云霞，从今存资料中，只知道他字扶苍，生平事迹均不得而知。

古代文人经常集会于山水秀丽的园林、古刹、风景名胜，游宴赏玩，诗酒唱和。尤其在进入明清以后，诗社频现，文人集会增多，因此同游唱和的诗篇极多。这样的诗篇通常拥有同题共作的特点。这两组

保存完好的白马寺石雕佛像

白马寺

咏白马寺六景的诗，有可能就是释如琇与孙云霞在同一次游白马寺时所作。正如释如琇住持在诗前小序中说："榆档西来，几废几兴，奈园一区，是为祖庭。衲竖刹于此，禅诵之余，偶拈古迹六事，缀以韵言。倘瑶篇不吝，衲为引玉云尔。"显然老方丈的这组诗是所谓"引玉"的"抛砖"之作，所以理应还有其他人相约一同作诗才对。而如果真的能够确定孙云霞与释如琇是同时之人，我们便可以解密孙云霞的生平。由此可见，研究白马

白马寺六景组诗及其咏史诗

洛阳白马寺别具一格的石
凳

寺现存石刻碑文、诗篇对于研究历史人物
是有着积极意义的。而这两组诗所咏的白
马寺六景都是白马寺中具有符号意义的著
名景致。

白马寺

　　清凉台，释如琇诗形容它："香台宝阁
碧玲珑""石磴高悬人罕到"，的确，可以说
清凉台是白马寺中位置最高的建筑，它高 5
米，长 43 米，宽 33 米，石梯镶嵌其上，真
可谓"高悬"。清凉台上建有毗卢阁，相传
这里原是汉明帝刘庄少年时读书、乘凉的地
方。"永平求法"后，摄摩腾、竺法兰两位
高僧便在这里翻译佛经。毗卢阁是一组庭院
式建筑，正面大殿毗卢殿为重檐歇山楼阁
式建筑，长 15.8 米，宽 10.6 米，巍峨壮观。
这座清凉台初建于唐代，可惜上面已经说过

洛阳白马寺清凉台正门景
观

原建筑已毁于安史之乱时回纥兵的大火。但是，现在清凉台下西侧还有四块约一米见方的石柱基，据说是唐代以前高阁基柱的基石，唐代时这里的巍峨壮丽可见一斑。后来经过元、明、清代的重修，呈现现在的建筑规模，仍然是巍峨而不失玲珑，老住持称它"香台宝阁"毫不为过。而所谓"花雨长年绕梵宫""时闻清磬落空濛"乃是寺僧诵经所产生的独特意境。佛经有载，佛说法时会有花雨从天而降，这里是指寺僧诵经的禅音。释如琇曾对此做过多次描述，如他为毗卢阁写的巨型木刻对联就说：
"台洒花雨百番风，果有清凉气象；阁邙山
光池吞月，浑是毗卢法身。"试想巍峨玲珑
的高台宝阁，萦绕着清空的禅音，登台入殿，
有如置身仙境。在清凉台毗卢阁内的后壁上，
还有明代王铮所题的《嘉靖辛酉奉使河东夏
五过白马寺漫赋一首》，王铮是明代嘉靖时
人，曾任督察院右佥都御使。这首诗是王铮
明世宗嘉靖四十四年（1565 年）五月（即诗
题中所说的辛酉年，夏午），奉命出使河东，
五次经过白马寺所作。诗云："宝刹高标倚
太清，使车停午驻飞旌。菩提树老凤声远，
卓锡云深鹤翅轻。喜见翻经僧入定，犹闻绕

**幽静的古寺令人心生宁静**

**白马寺六景组诗及其咏史诗**

塔马悲鸣。匆匆到此匆匆去，蓍蒴何能顷刻生。"王铮出使队伍途经白马寺，望着千年古刹高标的齐云塔，不自觉地便停住了脚步，在这幽静的古寺之中，诗人有幸见到寺僧静心敛气，打坐诵经，不起任何杂念，这就是所谓的入定罢，耳边似乎响起了白马的悲鸣之声。置身其中，诗人不禁感叹自己只是"匆匆到此匆匆去"的客人，怎能像这些僧人一样真正领悟到佛法的真谛？于是不免望塔感叹，题诗于毗卢阁壁上。

洛阳白马寺齐云塔（局部）

　　齐云塔，即释迦舍利塔，又称"金方塔"，关于它的传说、落成、重建情况前面已经有所交代。现存塔通高35米，边长7.8米，13层，为方形密檐式砖结构，崚嶒高耸，直冲云霄，所以老禅师形容它："风回铁马响云间，一柱高标绝陟攀""崚嶒直欲压嵩峦""风回铁马响云间"一句自然是说当年"白马驮经"之事，后面两句便是对宝塔形态的描绘了。而且齐云塔另有一奇，就是如果有人站在齐云塔南面，大约二十米处用力拍手，就能听到从塔身处发出"哇哇"的叫声，极像青蛙的叫声。这应该是由于齐云塔独特造型所导致的一种声学物理现象，主要因为齐云塔表面凸凹不平，所以回声也就不齐，便产

**白马寺六景组诗及其咏史诗**

生了这种青蛙叫声。而齐云塔的著名不仅在于它的高标外形，更在于"舍利光含秋色里"。前面说过，齐云塔相传就建在佛冢之上，而佛冢之中传说便是释迦牟尼的五色舍利。《魏书》说曾记载，佛圆寂之后，用香木焚烧遗体，灵骨分碎，呈大小不一的颗粒，捶打不坏，焚烧也不焦化，就是佛舍利。《法苑珠林》又说，舍利有三种，一种是骨舍利，为白色；一种是发舍利，为黑色；一种是肉舍利，呈红色。如果是佛舍利便捶打不碎，如果是佛门弟子的舍利，捶打便会破裂。齐云塔既然为护佛舍利而建，它便具有了不可磨灭的神圣意义。

洛阳白马寺一景

白马寺

绿树掩映下的洛阳白马
寺一角

释如琇禅师诗中所说的"舍利"便是代指齐
云塔。

　　焚经台为白马寺南面的两座夯筑高土
台，台上立着一块通碑，写着"东汉释道焚
经台"字样，即为上文所述佛道斗法焚经的
遗址，当时虽未必确有焚经其事，然而，人
们确是为这个精彩的佛道斗法传说修建了焚
经台，这其实是佛教进入中土后的大繁荣，
以至威胁到本土道教的发展而引发佛道冲
突，并以佛教占据上风而告终的一个历史见
证。释如琇的《焚经台》诗中说："榆档贝
文是也非，要从烈焰定真机。"便是对佛道

白马寺六景组诗及其咏史诗

洛阳白马寺齐云塔巍峨耸
立

论战传说的描绘和感叹，"行人指点寒烟
外，日落荒台锁翠微"。画面之间一种禅
境悠然而生。昔日唐太宗李世民也曾作《题
焚经台》诗："门径萧萧长绿苔，一回登
此一徘徊。青牛漫说函关去，白马亲从印
土来。确实是非凭烈焰，要分真伪筑高台。
春风也解嫌狼藉，吹尽当年道教灰。"帝

白马寺

王至此亦难免感叹。然而，唐太宗的这首诗更大的意图在于向天下传递一个"重佛抑道"的政治信号。事实上，唐代对佛教的大力扶持与提倡如前面所述在其一朝，尤其在前中期是显而易见的，这自然与其帝王对佛教的态度密不可分。

藤兰墓在今白马寺山门东西两侧，是为摄摩腾和竺法兰两位高僧的墓冢，另在毗卢阁外两侧有两座配殿，便是摄摩腾与竺法兰的配殿，分别供置着两位高僧的泥塑像，以示纪念。释如琇住持诗云："茔封对峙依林隈，断碣模糊长绿苔。金骨流香天地永，不随人世纸钱灰。"先言两座墓冢对立于林隈

洛阳白马寺络绎不绝的游人

白马寺六景组诗及其咏史诗

洛阳白马寺香炉

边，碑文因天长日久而模糊难辨，满布青苔，可见墓碑历史的久远。而后话锋已转，虽然历尽岁月沧桑，但是"金骨流香天地永"，佛法无边，功德无量，金骨必随天地而永存，非是凡尘俗物可比的。摄摩腾、竺法兰二位高僧乃是中土佛教的初祖，后世佛门弟子对他们的崇敬之情不言而喻。他在另一首《春日有感》中也曾说："满眼桃花藤兰墓，何人微喑了真诠。"

白马寺钟高 1.65 米，重 1500 公斤，上饰盘龙花纹，刻有"风调雨顺，国泰民安"等字，并附诗一首："钟声响彻梵王宫，下通地府震幽冥。西送金马天边去，急催东方玉兔升。"可见钟声之奇。而马寺钟声确是白马寺最负盛名的景致之一，钟声响起，清空悦耳，闻之令人耳目清明。据传这口钟与洛阳东大街钟楼上的一口钟音律一致，可以共鸣，人们往往在听到白马寺钟声的同时，紧接着听到洛阳城钟楼上的钟声，因此民间流传着"东边撞钟西边响，西边撞钟东边鸣"的佳话，不知多少古人写诗作文吟咏这涤荡心灵的钟声。释如琇诗云"古寺云深薜径封，离离百八动千峰。洛阳多少利名客，野店梦回第几春。"

白马寺

洛阳白马寺五观堂是僧人用膳的地方

前两句写千年古刹清幽静默，然而佛钟撞击的声音和阵阵诵经之声却声动千山，悠远而荡人心魄。（"离离百八"代指诵经之声，僧人或居士们手中所持念珠为一百零八粒，离离即为粒粒。）后两句写追求名利的世俗之人，在这样的夜里却只是做着世俗的梦。前后形成鲜明的对比。透露出悟道参禅的佛门弟子对于世俗之人只顾追名逐利，使岁月虚度的无奈。虽然在释如琇看来世人是蒙昧的，而那旷远的钟声在世俗之人听来却是"蒲牢怒吼夜阑清，袅袅夜风出化城。惊觉洛阳千户晓，银床

白马寺

洛阳白马寺喷水池景观

未转辘轳声"。是一种犹如蒲牢怒吼般的巨响（相传海中有大鱼叫鲸，海边有兽叫蒲牢，蒲牢向来最怕鲸，蒲牢遭到鲸鱼的袭击，就会大声怒吼。人们想要钟声洪亮，常做蒲牢于钟上。）一种可以让人暂时忘却世俗的震撼。其实，俗家之人与佛门弟子的心境的确常常是不同的，佛门弟子心无旁骛，而俗家

白马寺六景组诗及其咏史诗

之人不免为家国、为身世遭际而烦忧，总有所感怀，这也是出家人所不能了悟的。如明代名臣沈应时也曾作《马寺钟声》诗一篇："白马归何处？禅宫尚尔存。栋梁仍夙昔，钟梵送晨昏。经自西方至，佛繇东汉尊。谁称明圣帝，千古障乾坤。"而他却是通过马寺钟声，想到了白马寺的兴建与中土佛教的关系，最后进入到反思佛教对中国封建政权的影响，具有浓重的历史感。而这种佛俗不一的心境，在《白马寺六景》组诗与《和颖公白马寺六景》组诗中是显而易见的。释如琇的《白马寺六景》组诗所咏多为实景描绘或近于偈语的感悟之语。而孙云霞的《和颖公白马寺六

洛阳白马寺造型别致的香炉

白马寺

人们怀着虔诚的心情来到齐云塔前祈求平安

景》组诗所吟咏则多深具历史反思，如其写"清凉台"却由"金墉城"着笔，"金墉城"为三国时魏明帝所筑，在洛阳城西北角，城小却极坚固，是攻战扼守的战略要地。刘备之子阿斗曾被囚于此，因此又被称为阿斗城。这样的开篇本身便先具有了一种沉重的历史感。而咏"藤兰墓"，释如琇流露出对祖师的崇敬，而孙云霞则写道"邙阜列茔俱寂寞"，虽然也是为了衬托"千秋独秀"的藤兰墓，但却同时具有了一种怀古伤时之叹。邙山位于河南省洛阳市北，黄河南岸，是秦岭山脉的余脉，崤山支脉，是洛阳北面的一道天然屏障，也是古代的军事战略要地，又是古代帝王理想中的埋骨处所。山上有东汉、曹魏、

白马寺六景组诗及其咏史诗

洛阳白马寺一角

西晋、北魏四朝十几个帝王的陵墓及皇族、大臣的陪葬墓，总数在千座以上。因此有俗谚说："生在苏杭，死葬北邙。"古代无数的诗人、政客为之作诗吟咏。如沈佺期、白居易、王建、张籍、张载等大诗人均有咏邙山的诗篇。

六景的最后一处是所谓"断文碑"，即上面碑刻一节中所讲的苏易简所撰《重修西京白马寺记》的宋代石碑。释如琇诗云："笔锋磨灭失真踪，天妒奇文薜尽封。会有秋风生暮雨，森森鳞鬣起蛟龙。"老

禅师此诗可谓有情，首句言历经百年，断文碑上已无字迹可寻，而这主要是由于"天妒奇文藓尽封"，是上天妒忌人间有如此奇文，而用青苔霉藓遮蔽了碑文。其实上天所妒忌的又岂止碑文，碑文的撰写者苏易简知识渊博，谈笑风生，以文章闻名于世，传世《文房四谱》《续翰林志》及文集二十卷。然而这位大文豪年仅39岁便郁郁而终，不能不说是天妒英才。然而"会有秋风生暮雨，森森鳞鬣起蛟龙"，一旦秋风伴着暮雨到来，便会将石碑上的苔藓洗刷干净，到那时那如同蛟龙烈鬣般的美文便会跃然而出，就像苏易简传世的大量文章。这样的奇才又岂是能

**白马寺六景组诗及其咏史诗**

够轻易遮蔽、埋没的？这在释如琇这组诗中是最具情感的佳作。

　　我国古典诗歌的一个重要题材便是咏史，文人的心灵是极为敏感的，每当登高眺远，或者看到一些具有历史感的古物建筑时，难免要发怀古忧今之叹。白马寺作为拥有特殊历史文化意义的千年古刹，它见证了佛教在中土大地的日渐繁荣，也见证了多个朝代的兴亡，诗人们来到这里难免引发感慨。唐代著名诗人张继有《宿白马寺》诗："白马驮经事已空，断碑残刹见遗踪。萧萧茅屋秋风起，一夜雨声羁思浓。"这是诗人在安史之乱后经过白马寺

洛阳白马寺功德碑

白马寺

洛阳白马寺方丈禅室

有感而作的一首诗。当年白马负经而归，汉明帝大兴土木建造了这中土第一座佛寺，然而，岁月匆匆，光阴荏苒，转眼万事已成空，经过安史之乱的浩劫，只有残碑才能证实它曾经的存在。张继为天宝十二年进士，踏入仕途不过三载便逢安史之乱，他可以说是完整经历了安史之乱，见证了大唐的由盛而衰。

白马寺六景组诗及其咏史诗

洛阳白马寺石桌石凳

今见昔日繁盛一时的东都白马寺空留残垣，如何不悲？加上诗人自己如今也在羁旅之中，秋风吹散片片茅草，顿生漂泊之感。

现今存世的有关白马寺的诗篇数量众多，如唐代著名诗人王昌龄曾作《东京府县诸公与綦毋潜、李颀相送至白马寺宿》，诗云："鞍马上东门，裴回入孤舟。贤豪相追送，即棹千里流。赤岸落日在，空波微烟收。薄宦忘机括，醉来即淹留。月明见古寺，林外登高楼。南风开长廊，夏夜如凉秋。江月照吴县，西归梦中游。"与友人綦毋潜、李颀相别送行，夜宿于东都

白马寺

洛阳白马寺石凳

白马寺而作。古人送别不似今天，时常相送数里、数百里，有时一送便送出了十天半月，所以像诗题中所说"相送至白马寺宿"，一送送到了城外白马寺，天色已晚，借宿一宿，次日再送的情况非常常见。綦毋潜、李颀均为唐代诗人，与王昌龄相交甚笃，彼此间依依惜别自是溢于言表。我们可以看到，在这众多的诗篇中以唐代居多，这固然与唐朝一代诗歌的繁盛有关，但也见出白马寺在唐代的繁盛景象。如唐代诗人许浑在《白马寺不出院僧》诗中描绘的"寺喧听讲绝，厨远送斋迟。墙外洛阳道，东西

洛阳白马寺是中国佛教
的里程碑

无尽时"。寺院之中进香礼拜的人数众多，喧哗之声使人们都无法听到诵经讲法的声音。而寺院外的洛阳道中更是极其繁忙，东西往来人潮不绝，可见当时洛阳作为大唐东都的繁荣鼎盛局面。

白马寺是由官方兴办的第一所寺院，是佛教入中土之后的合法化标志，是中国佛教传播史上的一座里程碑，在中国留存至今的众多古寺中是一座独特的历史坐标，它丰富的历史文化内涵是历经千百年也不会磨灭的。

白马寺